Inhalt

Biotechnologie - USA boomt, Deutschland arbeitet weiter am Durchbruch

Biotechnologie - USA boomt, Deutschland arbeitet weiter am Durchbruch

Anja Schneider

Kernthesen

- Die deutsche Biotechnologie-Branche rechnet in diesem Jahr wieder mit einem leichten Umsatzzuwachs.
- Jedoch: Ein neuer deutscher Wirkstoff wurde 2012 nicht zugelassen und die Kapitalbeschaffung bleibt schwierig.
- In den USA boomt die Biotech-Branche, in Europa erreichte sie 2012 erstmals die Rentabilitätsschwelle, weltweit erzielte sie ein kräftiges Umsatzwachstum und steigende Gewinne.

Beitrag

Deutsche Biotechbranche - forschungsstark, kaum marktreife Produkte, unterfinanziert

In Deutschland sind die Städte München, Köln, Heidelberg und Berlin Zentren der Biotechnologie-Industrie. Dort wird intensiv geforscht; insgesamt wurden für Forschung und Entwicklung im vergangenen Jahr rund 930 Millionen Euro ausgegeben. Nicht ohne Erfolg, so gilt die deutsche Biotech-Szene als stark in der Grundlagenforschung. Doch mit der Abschlussfähigkeit hapert es. Zu wenige Medikamente schaffen es zur Marktreife. Technologien und Lizenzrechte werden frühzeitig verkauft. Ein neuer deutscher Wirkstoff wurde auch 2012 nicht zugelassen. Die Herausforderungen, mit denen die Biotechnologieunternehmen zu kämpfen haben, sind nicht neu. Die Medikamentenentwicklung wird immer komplexer und dauert länger. Die Entwicklungsrisiken nehmen zu. Die Kosten für Forschung und Entwicklung sind hoch, ebenso die Verluste. Fortschritte bei neuen Therapeutika sind rar und Marktzulassungen selten. Viele Unternehmen haben Nachholbedarf beim

Erbringen von Nachweisen, die den Wert ihrer Produktentwicklungen belegen. (1)

Die Finanzierung bleibt für viele deutsche Biotech-Unternehmen eine Herausforderung, auch wenn 2012 insgesamt 347 Millionen Euro in die Branche flossen (Wagniskapital, Kapitalerhöhungen über die Börse sowie öffentliche Fördermittel) - fast eine Verdoppelung gegenüber dem Vorjahr. Mologen AG und 4SC AG waren an der Börse erfolgreich und konnten dort Geld einholen. Von privaten Geldgebern konnten die CureVac GmbH und die BRAIN AG allein die Hälfte des insgesamt eingeworbenen Kapitals unter sich aufteilen, viele andere gingen dafür leer aus. Unterm Strich ging das Investitionsvolumen privater Anleger in den letzten Jahren deutlich zurück; 2010 war ein Ausnahmejahr. [Abb. 1]

Partnerschaften mit potenten Pharma-Schwergewichten - oft aus den USA - sind ein Ausweg, der aus der Kapitalklemme hilft. Prompt gab es so viele Firmenübernahmen wie noch nie. Die deutschen Biotech-Firmen Micromet und Corrimmun hingen ihre Selbständigkeit an den Nagel. Cellzome gehört jetzt GlaxoSmithKline, Micromet wurde an die amerikanische Amgen verkauft, Corrimmun ging an die amerikanische Johnson & Johnson. Die Wuppertaler Firma AiCuris kooperiert in der Entwicklung mit Merck & Co., Morphosys aus

Martinsried bei München mit der britischen GlaxoSmithKline und der amerikanischen Celgene. Als Börsenlieblinge aus der deutschen Biotechlandschaft gelten Qiagen und Morphosys. Namhafte Firmen sind auch Medigene, Evotec, Mologen, Wilex, oder 4SC. Immer wieder müssen Firmen aufgeben. Jetzt traf es Agennix aus München, die Firma wird liquidiert. Schon 2009, als sie noch GPC Biotech hieß, konnte sie nur durch Fusion von der amerikanischen Agennix gerettet werden. 2012 verschwand die November AG aus Erlangen vom Markt. Beim Münchner Biotech-Unternehmen Wilex floppte das Hoffnungsträgermedikament Rencarex, die Aktie brach im Oktober um 60 Prozent ein und erholte sich seither nur wenig. (2), (3), (4)

Für das laufende Jahr rechnet die deutsche Biotech-Branche für die medizinische und die industrielle Biotechnologie mit einem leichten Umsatzwachstum, für die Pflanzenbiotechnologie eher nicht. Das geht aus einer aktuellen Trendumfrage hervor, die die Deutsche Industrievereinigung Biotechnologie (DIB) im Juni vorgestellt hat. Rund 80 Prozent der befragten Unternehmen rechnen mit besseren Geschäften als im Vorjahr. Die Hälfte der befragten DIB-Unternehmen will ihre Forschungsaktivitäten im Jahr 2013 weiter ausbauen. Mehr Unterstützung und weniger politische Markteingriffe erhofft sich die Deutsche Industrievereinigung Biotechnologie (DIB) von der nächsten Bundesregierung für die deutsche Biotechnologiebranche. Vor allem in der Pflanzenbiotechnologie, also dem Anbau gentechnisch veränderter Pflanzen, werde Deutschland abgehängt, während die internationale Entwicklung rasant voranschreite. Ohne die Pflanzenbiotechnologie aber drohe die Bioökonomie ein Wunschtraum zu bleiben. (5), (6)

Derzeit gibt es keine einheitliche Datengrundlage für die Biotechnologie-Branche in Deutschland. Dies liegt vor allem an den unterschiedlichen Definitionen, was als Biotechnologie-Unternehmen gelten kann. Die Wirtschaftsprüfungsgesellschaft Ernst & Young erhebt regelmäßig Daten zur Biotech-Branche (www.ey.com), der Bundesverband der forschenden Arzneimittelhersteller (VFA) informiert rund um das Thema Biotechnologie in der Pharmabranche (www.vfa-bio.de), die Internetplattform biotechnologie.de ist eine Initiative des Bundesministerium für Bildung und Forschung.
Der Deutsche Biotech-Report 2013 von Ernst & Young zählt 403 deutsche Biotechunternehmen, sie beschäftigen rund 10 000 Mitarbeiter, erzielten 2012 ein Umsatzwachstum von vier Prozent auf über 1,1 Milliarden Euro, doch unterm Strich bleiben weiterhin Verluste in Höhe von 490 Millionen Euro. (7)
Die Deutsche Industrievereinigung Biotechnologie

(DIB) zählt aufgrund einer anderen Abgrenzung als Ernst & Young rund 565 dedizierte deutsche Biotechunternehmen. Nach DIB-Daten belief sich ihr Umsatz 2012 auf 2,9 Milliarden Euro (plus 11 Prozent). Sie beschäftigten rund 17 430 Mitarbeiter. (8), (9)

Weltweit wachsen Umsatz und Gewinn, europäische Biotech-Branche erreicht erstmals Rentabilitätsschwelle, USA boomt

Die weltweite Biotechnologiebranche steigerte 2012 sowohl Umsatz als auch Gewinn - eine seit nunmehr drei Jahren anhaltende Entwicklung. Die börsennotierten Unternehmen aus den etablierten Biotechnologiezentren in USA, Europa, Kanada und Australien erhöhten ihren Umsatz um acht Prozent auf 89,8 Milliarden Dollar. Der Gewinn der Branche kletterte um 1,4 Milliarden auf 5,2 Milliarden Dollar. Dabei erreichte die Biotech-Branche in Europa 2012 erstmalig in ihrer Geschichte die Rentabilitätsschwelle. Die amerikanischen Biotechs erhöhten ihren Gewinn um stattliche 34 Prozent.
[Abb. 2]
Forschung und Entwicklung: Die F&E-Ausgaben der börsennotierten Unternehmen legten um fünf Prozent zu und blieben damit deutlich unter der für 2011

erzielten Wachstumsrate von neun Prozent. Dabei ging die Schere zwischen US-amerikanischen und europäischen Biotechs auseinander. Während die amerikanischen Unternehmen ihre F&E-Ausgaben um sieben Prozent erhöhten, fuhren sie die Europäer um ein Prozent zurück.
Finanzierung: Die Kapitalbeschaffung blieb auch im vergangenen Jahr eine Herausforderung. Die Biotech-Unternehmen in Nordamerika und Europa erhielten 2012 im Vergleich zum Vorjahr weniger Finanzmittel. Vor allem Fremdkapitalfinanzierungen waren global gesehen rückläufig, Venture Capital ist rarer geworden, der Markt für IPOs, also Börsengänge, lahmte.
Fusionen und Übernahmen: Der Gesamtwert der Fusionen und Übernahmen unter Beteiligung von europäischen oder US-amerikanischen Biotech-Unternehmen legte hingegen um neun Prozent zu. (10), (11)

In den USA herrscht ein regelrechter Biotech-Boom. Die Börsen honorieren die Zulassungserfolge der vergangenen Jahre. Es sind über 300 Biotech-Unternehmen kotiert. Letztes Jahr und auch seit Anfang 2013 haben amerikanische Biotechnologietitel den Dow Jones, den Nasdaq Composite und den breit gefassten US-Aktienmarktindex Russell 3000 geschlagen. Die Refinanzierungsmöglichkeiten an der Börse sind sehr gut. Einzeln betrachtet ist die

Entwicklung der Unternehmen freilich durchaus unterschiedlich. Bekannte börsennotierte amerikanische Biotech-Gesellschaften sind Amgen, Gilead Sciences, Biogen Idec und Celgene. Sie gelten als Schwergewichte, die 2012 rund 38 Milliarden US-Dollar oder 60 Prozent des Branchenumsatzes auf sich vereinten. Ihre Marktkapitalisierung ist beeindruckend, ihr großer Vorteil ein breites Produktportfolio. Gute Wachstumsperspektiven werden insbesondere Gilead, Biogen und Celgene in Aussicht gestellt. (12)

Trends

Etliche Biotech-Unternehmen setzen nicht mehr ausschließlich auf die Medikamentenentwicklung, sondern richten sich auf eine ganze **Plattform** von Technologien aus oder bieten auch Dienstleistungen im Umfeld des Therapeutikasektors an. (2), (7)

Biotech-Unternehmen brauchen Kapital und suchen daher **Partner**, die sie in der Finanzierung unterstützen. Umgekehrt sind Biotech-Unternehmen ein attraktiver Übernahmekandidat für große Pharmaunternehmen, wenn diese ihre Produktpipelines nicht aus eigener Kraft füllen können. Allianzen zwischen Biotech-Unternehmen und Pharma-Unternehmen bleiben im Trend, auch große Biotechkonzerne selbst verleiben sich aussichtsreiche kleinere Biotechs ein (Beispiele: Morphosys / Novartis, Micromet / Amgen, Corrimmun / J & J, Cellzome / GSK, Scil Technology, / Nanohale, SymbioTec / Lipoxen). Der Gesamtwert der Fusionen und Übernahmen unter Beteiligung von europäischen oder US-amerikanischen Biotech-Unternehmen legte 2012 um neun Prozent zu. (1), (2)

Branchenexperten erwarten eine breite **Biologisierung** der Industrie. Beispiele sind die Firma Amsilk, die kürzlich eine erste industriell herstellbare Spinnenseidenfaser präsentierte, oder die Firma Brain, die für ihre Kunden in der chemischen und pharmazeutischen sowie in der Nahrungsmittel- und Kosmetikindustrie neue, BioAktive Naturstoffe, mikrobielle Produzentenstämme sowie eine Vielzahl von Enzymen und Biokatalysatoren entwickelt. Das in der weißen Biotechnologie tätige Unternehmen wurde im April 2013 mit dem Mittelstandspreis Hidden Champion 2013 ausgezeichnet. (2)

Bioökonomie ist ein Trendthema, auch ein Schwerpunkt der diesjährigen Biotechnologie-Messe BIOTECHNICA 2013 im Oktober in Hannover. Es geht um weltweite Ernährungssicherheit bei gesunden Lebensmitteln, nachhaltige Agrarproduktion, die industrielle Nutzung nachwachsender Rohstoffe und die Nutzung regenerativer Energien. Langfristig soll die biobasierte Wirtschaft die bisherige erdölbasierte Wirtschaft ablösen. Viele entscheidende Impulse für bioökonomische Innovationen kommen aus der Biotechnologie. Die Bioökonomie beschäftigt sich beispielsweise mit folgenden Fragen: Wie kann die weltweite Ernährung gesichert werden? Wie sieht die Energieversorgung von morgen aus? Wie lassen sich biogene Rohstoffe mit modernen Technologien industriell nutzen? Bis ins Jahr 2016 investiert die Bundesregierung im Zuge der Nationalen Forschungsstrategie BioÖkonomie 2030 2,4 Milliarden Euro in die Forschung zur Umsetzung einer wissensbasierten Bioökonomie. (13), (14)

Fallbeispiele

Amgen gilt seit langem als weltgrößter Biotech-Konzern, hat seinen Hauptsitz in Kalifornien, beschäftigt rund 18 000 Angestellte weltweit, davon 4 500 in Europa und erzielte 2012 einen Konzernerlös von rund 17 Milliarden US-Dollar. Zu seinen wichtigsten Medikamenten zählen das für die Behandlung von Blutarmut (Anämie) unter Nierenkranken eingesetzte Hormonpräparat Epogen und das für den Aufbau weisser Blutkörperchen bei Krebskranken verwendete Neupogen. Auch die Präparate Aranesp, Neulasta und Enbrel brachten Einnahmen von je über 1 Milliarde US-Dollar. Dennoch gilt das Produktportfolio nicht als breit genug, mehrere Umsatzträger verlieren in den nächsten Jahren den Verlust des Patentschutzes, die Generikakonkurrenz (Hersteller von Biosimilars) lauert bereits. In seiner Strategie setzt Amgen daher einerseits auf die Expansion in Schwellenländer und andererseits auf die Erschließung neuer Therapiegebiete. Vor gut einem Jahr übernahm Amgen das Münchner Biotech-Unternehmen Micromet, das auf dem Gebiet Blutkrebs forscht. Noch ist allerdings der Hoffnungsträger Blinatumomab (AMG103) nicht über die Phase II der klinischen Erforschung hinausgekommen. (15), (16)

Morphosys, börsennotierte Biotechnologiefirma aus Martinsried bei München, ist ein Beispiel für einen Plattformanbieter, der sich auf Antikörper spezialisiert hat und eine breite Palette an Wirkstoffen anbieten kann. Jüngst hat Morphosys den US-Biotechkonzern Celgene als Partner gewonnen. Celgene beteiligt sich an den Kosten für die weitere Entwicklung des Moleküls MOR 202 gegen verschiedene Knochenmarks- und Blutkrebsarten zu zwei Dritteln. Morphosys bleibt beim Vertrieb im Boot. Vor kurzem bekannt gegeben wurde auch die Kooperation mit dem Pharmakonzern GlaxoSmithKline zum Wirkstoff MOR 103. Morphosys gilt als aussichtsreiches Biotechunternehmen. Derzeit sind mehr als 70 Medikamentenkandidaten in der Pipeline, 20 davon werden in klinischen Studien erprobt. (2), (17)

Agennix, börsennotiertes deutsches Biotechunternehmen wird sich auflösen. Die Schwierigkeiten der Firma hielten an und verschärften sich, weil das Lungenkrebspräparat Talactoferrin in einer klinischen Studie der Phase III im August 2012 nicht die erhoffte Wirkung gezeigt hatte. (4)

Das Erlanger Biotechnologieunternehmen **November** AG hatte bereits 2006 einen Insolvenzantrag angestellt und verschwand 2012 endgültig vom Markt. (4)

Das Biotech-Unternehmen **Humatrix** und die Pharmafirma Stada kooperieren bei Gentests; Humatrix übernimmt die Herstellung, Stada den Vertrieb. (2)

Die Schweizer Firma **Actelion** hat als Umsatzträger das Medikament Tracleer gegen arteriellen Lungenhochdruck im Portfolio. Es trug im vergangenen Jahr 90 Prozent zum Konzernumsatz bei, sein Patentschutz läuft 2015 in den USA, 2017 in Europa aus. Noch ist ungewiss, ob das Nachfolgepräparat Macitentan (Markenname Opsumit) die Hoffnungen erfüllen kann. (18)

OPX Biotechnologies und Evonik Industries wollen gemeinsam eine Reihe von biobasierten Spezialchemikalien entwickeln und haben im Mai

2013 einen entsprechenden Kooperationsvertrag unterzeichnet. (19)

Gilead hat eine führende Stellung in der Behandlung von HIV (Aids) und dürfte künftig auch den Markt für Therapien gegen Hepatitis C dominieren. **Biogen** werden die besten Chancen in der Behandlung von Multiple Sklerose eingeräumt. Bei **Celgene** ruhen alle Hoffnungen auf dem bereits auf dem Markt erhältlichen Krebsmittel Revlimid. (12)

Der US-Agrarchemiekonzern **Monsanto** will die Zulassung seiner gentechnisch veränderten Pflanzen in Europa nicht weiter ausbauen, weil in vielen europäischen Ländern der Widerstand gegen grüne Gentechnik in Lebensmitteln zu hoch ist, so auch in Deutschland. (20)

Zahlen & Fakten

Abbildung 1: Deutschland: Investitionen von Privatpersonen im Biotechnologiemarkt 2005-2012

Jahr	Investitionsvolumen in Millionen Euro
2005	543

2006	485
2007	448
2008	296
2009	264
2010*	656
2011	142
2012	240

* Mehrere große Finanzierungsrunden
Quelle: Transkript Entnommen aus: Wirtschaftswoche, 13/2013, S. 62 (21)

Abbildung 2: Biotechnologie 2012: Welt, USA, Europa, Deutschland

	Welt	**USA**	**Europa**	**Deut**
Umsatz	89,8 Milliarden US-Dollar	63,7 Milliarden US-Dollar	20,4 Milliarden US-Dollar	1,128 Millia EURC
	plus 8 Prozent	plus 8 Prozent	plus 8 Prozent	plus 4 Proze
Gewinn	5,2 Milliarden US-Dollar	4,5 Milliarden US-Dollar	236 Millionen US-Dollar	Verlu Millic EURC
		plus 34 Prozent	Rentabilitätsschwelle erreicht	
Forschung &	plus 5	plus 7	minus 1 Prozent	minus

Entwicklung	Prozent	Prozent		Proze
Finanzmittelzufluss		23,3 Milliarden US-Dollar	4,2 Milliarden US-Dollar	

Quelle: Ernst & Young Entnommen aus: GBI-Genios eigene Erstellung (10)

Weiterführende Literatur

(1) Biotechnologie-Report 2013 Biotech-Branche mit Umsatzwachstum und Rekordgewinn
aus www.process.de vom 02.05.2013

(2) Geschäfte mit lebenden Zellen
aus Süddeutsche Zeitung, 13.05.2013, Ausgabe München, Bayern, Deutschland, S. 22

(3) Diagnose: chronischer Geldmangel
aus Handelsblatt Nr. 125 vom 03.07.2013 Seite 020

(4) Biotech Agennix löst sich auf Aktionäre beschließen Liquidation - SAP-Gründer Hopp größter Anteilseigner
aus Börsen-Zeitung, 24.05.2013, Nummer 97, Seite 12

(5) Deutsche Biotechnologie Bessere Geschäfte für 2013

aus LP Nr. 006 vom 21.06.2013

(6) Stärkere Förderung der Biotechnologie gefordert
aus Agra-Europe (AgE), 54. Jahrgang Nr. 24 vom 10.06.2013

(7) Deutsche Biotechnologie Branche muss umdenken
aus LP Nr. 005 vom 22.05.2013

(8) Biotech-Branche rechnet mit Umsatzplus
aus - CHEManager vom 20.06.2013, Heft 11/2013, Seite 4

(9) Die deutsche Biotechnologie-Branche 2013
aus - CHEManager vom 20.06.2013, Heft 11/2013, Seite 4

(10) Biotech-Branche mit Rekordgewinn
aus "Börsen-Kurier" Nr. 20/2013 vom 16.05.2013 Seite 5

(11) Große US-Biotechs zischen davon
AKTIENCHECK
aus WirtschaftsBlatt, 22.05.2013, Nr. 4359, S. 23

(12) Biotech-Riesen glänzen
aus Finanz und Wirtschaft vom 08.05.2013, Seite 7

(13) BIOTECHNICA im Zentrum der Biotechnologie in Europa Schwerpunkt ist Bioökonomie
aus bionity.com News vom 28.06.2013

(14) Biotechnica 2013 Bioökonomie ist einer der Schwerpunkte

aus www.process.de vom 07.06.2013

(15) Amgen hat weltweit eine der besten Pipelines»
aus Finanz und Wirtschaft vom 26.06.2013, Seite 8

(16) Biotech-Riese Amgen schöpft aus dem Vollen
aus Finanz und Wirtschaft vom 26.06.2013, Seite 8

(17) Ganz neue Entwicklung Morphosys Eine äußerst vorteilhafte Partnerschaft mit dem US-Konzern Celgene lässt die Aktie der Münchner Biotechfirma abheben
aus Euro am Sonntag, 29.06.2013, Nr. 0, S. 26 - 27

(18) Actelion weckt hohe Erwartungen
aus Finanz und Wirtschaft vom 03.07.2013, Seite 10

(19) Evonik: Kooperation zu biobasierten Chemieprodukten
aus - CHEManager vom 20.06.2013, Heft 11/2013, Seite 3

(20) Monsanto: Rückzug bei Gentechnik in Europa
aus - CHEManager vom 20.06.2013, Heft 11/2013, Seite 3

(21) D: Investitionen von Privatpersonen im Biotechnologiemarkt 2005-2012
aus Wirtschaftswoche, 13/2013, S. 62

Impressum

Biotechnologie - USA boomt, Deutschland arbeitet weiter am Durchbruch

Bibliografische Information der deutschen Nationalbibliothek

Die Deutsche Nationalbibliothek verzeichnet diese Publikation in der deutschen Nationalbibliografie; detaillierte bibliografische Daten sind im Internet über http://dnb.d-nb.de abrufbar.

ISBN: 978-3-7379-2786-4

Vervielfältigungen (Fotokopie/Mikroskopie), Übersetzungen, Auswertungen durch Datenbanken oder ähnliche Einrichtungen und die Einspeicherung und Verarbeitung in elektronischen Systemen.